मुझे बोलना नहीं आता !

मयंक शर्मा

BookLeaf Publishing
India | USA | UK

Made with ❤ on the BookLeaf Publishing Platform
www.bookleafpub.in
www.bookleafpub.com

Dedication

यह पुस्तक
उन सबको समर्पित है
जो सच को
सभ्यता की आड़ में
छिपाना नहीं जानते।
जो भक्ति को
डर की शरण नहीं,
कर्तव्य की याद मानते हैं।
जो प्रेरणा को
तालियों की भूख नहीं,
खुद से टकराने की हिम्मत समझते हैं।
और उन पाठकों को
जो इन पंक्तियों से
सहमति नहीं,
संघर्ष करेंगे।

Preface

ये कविताएँ
मनोरंजन के लिए नहीं लिखी गईं।
जब भक्ति प्रश्नों से डरने लगी,
जब प्रेरणा सच से समझौता करने लगी,
और जब समाज गलत को भी
"चलता है" कहने लगा
तब ये पंक्तियाँ जन्मीं।
यहाँ ईश्वर भागने का बहाना नहीं,
खुद को सँभालने की पुकार है।
यहाँ प्रेरणा सपने बेचती नहीं,
नींद तोड़ती है।
और यहाँ समाज को हँसाया नहीं गया
उसे ताना मारा गया है।
यदि ये कविताएँ आपको असहज करें,
आपसे सवाल पूछें, या आपकी चुप्पी पर
उँगली रखें
तो समझिए उन्होंने वही किया
जो उन्हें करना था।

Acknowledgements

मैं आभार व्यक्त करता हूँ
अपनी **जीवन-यात्रा** का जिसने मुझे
रचना का अधिकारी नहीं,
रचना का पात्र बनाया।
उन **परिस्थितियों** का
जिन्होंने आराम नहीं दिया, पर दृष्टि दी।
जिन्होंने चुप्पी सिखाई,और फिर
बोलने को बाध्य किया।
और मैं पूर्ण विनय के साथ
माँ सरस्वती के चरणों में नतमस्तक हूँ
क्योंकि जो कुछ भी इन पृष्ठों पर
उजला, सार्थक और सत्य के निकट है,
वह उनकी कृपा है।
और यदि कहीं अपूर्णता है, कटुता है,
या शब्द चूक गए हैं
तो वह मेरा अपना लिखा हुआ है।
मैं माध्यम था, पर साधना अधूरी थी।
यह आभार जीवन को, परिस्थितियों को और
उस करुणा को जो लिखवाती है,
और फिर लेखक को झुका देती है।

1. शिवोहम

मैं आदी हूँ, मैं अंत हूँ
फकीर सा मैं संत हूँ
विष पी के नीलकंठ हूँ
युगों में मैं अनंत हूँ

।। शिवोहम शिवोहम शिवोहम शिवोहम ।।

मैं शून्य हूँ, इकाय हूँ
मैं शक्ति हूँ, शिवाय हूँ
मैं सूक्ष्म हूँ, भीमकाय हूँ
मैं क्रोध का पर्याय हूँ

।। शिवोहम शिवोहम शिवोहम शिवोहम ।।

मैं रक्त में, मैं चाप में
मैं पूजा में, मैं जाप में
मैं आज में , मैं बाद में
मैं पुण्य में, मैं पाप में

।। शिवोहम शिवोहम शिवोहम शिवोहम ।।

मैं वाम हूँ, मैं काम हूँ
मैं खुद में चारो धाम हूँ
शरीर में मैं प्राण हूँ
मैं ही समस्त पुराण हूँ

।। शिवोहम शिवोहम शिवोहम शिवोहम ।।

मैं रंग हूँ,अर्ध-नंग हूँ
भंग पी के मैं मलंग हूँ
राग हूँ, वैराग्य हूँ
हर भक्त का मैं ही भाग्य हूँ

।। शिवोहम शिवोहम शिवोहम शिवोहम ।।

ब्राह्मण हूँ मैं, शूद्र भी हूँ
रावण हूँ मैं, रूद्र भी हूँ
सोम्य भी हूँ, मैं उग्र भी हूँ
शक्ति स्वरूपा दुर्गा भी हूँ

।। शिवोहम शिवोहम शिवोहम शिवोहम ।।

तेरा मित्र मैं, तेरा चित्र मैं
तेरी पूजा का भी इत्र मैं
कभी भूत मैं, कभी पित्र मैं
कभी थोड़ा सा विचित्र मैं

।। शिवोहम शिवोहम शिवोहम शिवोहम ।।

आग हूँ मैं, राख हूँ
वृक्ष की मैं साख हूँ
मैं पुष्प हूँ ,मैं बाग हूँ
मैं बैल हूँ, मैं नाग हूँ

।। शिवोहम शिवोहम शिवोहम शिवोहम ।।

महादेव हूँ, महेश हूँ
मैं ही अघोरी वेश हूँ
धतूरा हूँ मैं, भांग हूँ
हर युग की मैं ही मांग हूँ

।। शिवोहम शिवोहम शिवोहम शिवोहम ।।

मैं बाल हूँ, मैं खाल हूँ
मैं खुद में मायाजाल हूँ
तेरी मुश्किलों का ढाल हूँ
हाँ मैं ही महाकाल हूँ!

।। शिवोहम शिवोहम शिवोहम शिवोहम ।।

2. मुझे बोलना नहीं आता !

लिख लेता हूँ बेशक
पर मुझे बोलना नहीं आता
कभी बेमन से तो कभी अपने मन से
कुछ ढंग से तो कुछ अपने फन से

प्यार लिखता हूँ,
तकरार लिखता हूँ
सिर्फ नजर भर मिली हों जिनसे
उनको भी अपना यार लिखता हूँ

यूँ हर पल साँस लेते हुये
गुज़रते पलों को देखता हूँ मैं
गरमा गरम पन्नों पर फिर
उन्हीं लम्हों को सेंकता हूँ मैं

दोस्त यार कहते हैं, अच्छा तो लिखते हो भाई
फिर तुम स्टेज क्यूँ नहीं करते हो ट्राई!

अपने मनोभाव उनको कैसे बताऊँ
किसको क्या और कैसे समझाऊँ

तो बस यही कहता हूँ
कि लिख लेता हूँ बेशक
पर मुझे बोलना नहीं आता!

बात कुछ ऐसी है
कलम मेरी, मेरे जैसी है
अब मुझसे पूछिये जरा,
मेरे जैसी है, मतलब कैसी है?

मैं सच्चा, तो सच्ची ये कलम मेरी
मैं झूठा, तो झूठी ये कलम मेरी
मुझे अच्छे से समझती है कलम मेरी
मैं जो रूठा तो रूठी ये कलम मेरी

दरअसल यहाँ बुरे को बुरा
बोलना भारी पड़ता है
बिना सोचे समझे कहीं भी
मुह खोलना दुश्वारी लगता है

लिखते हुये तो
कुत्ते को भी ऊंट लिख देता हूँ मैं
थोड़ा सोचने समझने पर
सच को भी झूठ लिख देता हूँ मैं

जो जैसा है उसे वैसा क्यूँ ना रहने दिया जाए
जो जैसा है उसे वैसा क्यूँ ना कहने दिया जाए

बात इतनी सी है,
मुझे कुत्ते को ऊँट बोलना नहीं आता
बोलना तो आता है,
पर मुझे झूठ बोलना नहीं आता |

3. टेढ़ा रास्ता

एक रास्ता है
टेढ़ा मेढ़ा सा
पत्थरों से भरा
कांटों से सजा
उबड़ खाबड़ सी
बंजर सी जमीन लिये
जिस पर कोई इंसान
चलना नहीं चाहता!

पर चलना है मुझे
नुकीले पत्थरों पर
बगैर जूतों के
बिना चप्पल के
नंगे पैर
पत्थरों की चुभन को
महसूस करते हुये
हाँ, पता है
मुश्किल है
पर चलना है मुझे !

पैर मेरे बेशक छिल जायेंगे
कांटो से भरी जमीन में
खून मेरे मिल जायेंगे
दर्द बेहिसाब सा होगा
किसी इम्तिहान में देने वाले
जवाब सा होगा
हाँ, पता है
मुश्किल है
पर चलना है मुझे!

तुम सोचोगे
पग पग में
ये घायल होगा
फिर भी
चलने को है इच्छुक
शायद कोई पागल होगा!

हाँ ठीक समझा तुमने
समझदारों से भरी
इस दुनिया में
इक सनकी सा
किरदार हूँ मैं
अगर ढूंढ सको
तो मेरे जैसे
कई मिलेंगे
उन पागलों का
सरदार हूँ मैं!

मंजिल का बस
पता रखूं
सफर की चिंता
छोड़ चलूँ
पथरीले इन रास्तों पर
छोटे छोटे कदमों से
अपने मंजिल की
मैं ओर चलूँ!

क्यूँ चलना है इस रस्ते पर
जो तेरी समझ के
काम ना आये
दुआ करूँ मैं सबके बदले
हिन्दुओं को अल्लाह बचाये
मुसलमानों को राम बचाये |

4. मध्य रात्रि, घुप्प अंधेरा

है मध्य रात्रि, घुप्प अंधेरा, मैं डूबूं खुद की बातों में
खालीपन में बैठ अकेला, मैं शोर सुनूँ सन्नाटों में!

बल्ब जला, किवाड़ लगा, नजर टिकी है खातों में
सियाही से पन्ने घिस कर, रंग भरूं काली रातों में!

बादल गरजे, मेघा बरसे, झंकार लगे बरसातों में
घड़ी की सुई टिक टिक भागे, बीट हो कोई कांटों में!

दोस्त यार सब व्यस्त भये, अपने अपने हालातों में,
जस का तस हूँ सोच-सोच कर, फंसा रहूँ जज़्बातों में!

है मध्य रात्रि, घुप्प अंधेरा, मैं डूबूं खुद की बातों में
खालीपन में बैठ अकेला, मैं शोर सुनूँ सन्नाटों में!

5. काशी फिर से आना पड़ेगा

नैन तेरे दरस की प्यासी
लाख पुकारा मिली तब काशी

मिला नहीं वो ज्ञान यहाँ
ढूंढे जिसे इंसान यहाँ

पुराण सहित कुरान यहाँ
समझ सकूँ वो ध्यान कहाँ

जन्म यहाँ शमशान यहाँ
इतिहास का बड़ा बखान यहाँ

सब बने हुए पंडित यहाँ
कुछ नियत से खंडित यहाँ

भक्त मिले और ठग लिये
वक़्त मिले तो भग लिये

चलो यहाँ हर पाप को धोलें
बम-बम भोले फिर मिल के बोलें

दर्शन किया, किया सब तीरथ
मिली नहीं, माँ-बाप सी मूरत

गंगा मिली पर ज्ञान ना मिला
करने सकूँ वो अभिमान ना मिला

एक बार में हुआ नहीं
फ़िर आऊँ अब दुआ यही

पान बनारसी फ़िर खाना पड़ेगा
भांग का गोला गटकाना पड़ेगा

गंगा में डुबकी लगाना पड़ेगा
काशी फ़िर से आना पड़ेगा |

6. काश..!

काश..!
कि उन दिनों कुछ ऐसा होता
जैसा चाहता मैं, बस वैसा होता
बच्चों की इक कहानी बन जाती
मैं राजा होता, तू रानी बन जाती!

जिस रस्ते से मैं रोज गुज़रता
तुम उस रस्ते से स्कूल जाती
मैं स्लो साइकिल की रेस लगाता
तुम घंटी सुन कर घूम जाती!

क्या पूछूं, क्या बात करूँ
इस सोच में अक्सर डूबा रहता
रह रह कर अभ्यास करूँ
पढाई से मैं थोड़ा ऊबा रहता!

टीचर से तारीफ सुनकर
खुशी-खुशी तुम फूल जाती
केमिस्ट्री की कॉपी अपनी
मेरे डेस्क पे रख के भूल जाती!

मोर्निंग प्रेयर में आँखें खोल कर
तुमको ही मैं देखा करता
घर जाकर फिर मार के चलते
कूल्हे अपने मैं सेका करता!

होमवर्क कर मेरा तुम लाती
अपनी 'एटलस' पे मैं तुम्हें घुमाता
हवा मिठाई तुम्हें खिला कर
बचपन में मैं इश्क जताता |

7. क्या बनोगे ?

सवाल था क्या बनोगे बड़े होकर?
'भगवान बनूंगा' मेरा जवाब था

जब हुये बड़े, तब समझ बढ़ी
ख्वाब रह गयी धरी की धरी

अपने अपने पर सब अड़ रहे
अल्लाह-राम कर सब लड़ रहे

जो दिखते नहीं पर बिकते सही
और तुम समझते नहीं, सीखते नहीं

मेरे बिना दिखे है उत्पात यहाँ
दिख जाऊँ ऐसे हालात कहाँ

खुद की गलती होगी
और मुझपे दोष लगायेंगे

पहले कटघरे में बुलाएंगे
फ़िर आराम से सजा सुनायेंगे

इतना समझा फिर ख्वाब बदल लिया
भगवान बनने का मिजाज बदल लिया

अब ना अल्लाह बनूंगा, ना राम बनूंगा
इंसान की औलाद हूँ, इंसान बनूंगा |

8. यार बनारस..!

कल ही पूछा था उसने
पसंद क्या है तुम्हारी?

इतना पूछा ही था
की मैंने सब बता दिया

मेरी खुशी किसमें है
फट से मैंने जता दिया

पारम्परिक परिधान पसंद है
पंडितों सा ज्ञान पसंद है

गंगा की निर्मलता लुभाती है
नाट्यकला की चंचलता भाती है

आज आकर उसकी सोहबत में
मैं खुद सोने सा चमकने लगा हूँ

घमंड में ना जाने क्यूँ
जरा सा बहकने लगा हूँ

सोना मुझे बना कर
यार मेरा खुद पारस हो गया

कल ही बताया था मैं हूँ गंगा प्रेमी
आज प्यार मेरा बनारस हो गया |

9. बुजुर्गों का ज्ञान

फुर्सत में बैठा आज,
तो करने लगा खुद से बातें
याद है कि भूल गया,
वो सारी बिन सोई रातें!

थका जरूर पर,
तू कभी रुका नहीं
किस्मत के आगे,
तू कभी झुका नहीं!

थोड़ी लगन से, थोड़ी जतन से ,
की तुमने घंटो पढ़ाई
कभी गिर कर, फिर सम्भल कर,
की तुमने सालों लड़ाई!

मिली जो सफ़लता,
हुई आपार खुशी
फिर आज क्यूँ है तू,
संसार से दुखी!

नौ से पाँच के चक्कर में फंसा कर खुद को
अंदर ही अंदर कराह रहा है तू
आईने में दिखे मुर्दे सा
बस बाहर ही से मुस्करा रहा है तू!

कह गए बुजुर्ग, थे जो ज्ञानी
सबने उनकी बात है मानी
कुछ पाने के लिए कुछ खोना भी पड़ता है
हंसने के लिए बंधु, पैदा होते रोना ही पड़ता है।

10. हिन्दी दिवस

मुझे 'इ' और 'ई' का फ़र्क़ पता है
हाँ मुझे हिन्दी का हर हर्फ पता है
मुझे विनती आती है
मुझे हिन्दी में गिनती आती है

हिन्दी बोलो, हिन्दी लिखो
साल के सिर्फ एक दिन तुम विनती करते हो
इक बात बताओ तो,
क्या कभी तुम हिंदी में गिनती करते हो?

सतहत्तर, अठहत्तर और उनहत्तर में
बड़ा कौन का जवाब देना जरा
नहीं पता ना, तो हिन्दी की कोई
साधारण किताब लेना जरा!

शहरों में शायद नहीं,
पर गाँव कस्बों में बची है जिंदी
जहाँ का अनपढ़ बच्चा भी
तुम्हें सीखा देगा इतनी हिन्दी

साल दर साल इस एक दिन
झूठा ज्ञान तो ना बांचों तुम
अँग्रेजी के पहले हिंदी को
अब यार जरा सा जांचों तुम |

11. अजीब सा माहौल है

अजीब सा माहौल है,
मानो सब गोल मोल है
कोई इधर, कोई उधर,
सब के सब है तीतर बितर

कोई है मग्न यहाँ राम में,
किसी की जान है क़ुरान में
कोई भगवे में हो रहा है लीन,
तो कोई हरा भरा है रात दिन

कोई मांगता रहे रिहाई,
की खतरे में हैं सारे भाई
कहीं डर का माहौल है,
कहीं खुल रही अब पोल है

कोई चीखता - चिल्लाता यहाँ
कोई बम से उड़ाता यहाँ
कोई मंदिर को है तोड़ रहा
कोई मस्जिद का ईंटा जोड़ रहा

अजीब सख्त वक़्त है
गिर रहा हर तख्त है
हर खून मानो सो रहा
है काल मानो रो रहा

हर शख्स किसी से लड़ रहा
खुदा भी अब तो डर रहा
इंसानियत ही है खुदा
खुदा से ना कोई जुदा

ये बात भी ना सच्ची हो
सिर्फ खुदा की बंदगी अच्छी हो
सिर्फ राम नाम का ही बोल रहे
इन बातों का फिर क्या मोल रहे?

इंसानीयत बनाई जिसने,
तू उसे ही बचा रहा!
दुनिया बनाई जिसने,
तू उसे दुनिया दिखा रहा!

दया रखो, धर्म करो
ये पाठ जो है बोलता
दंगे करवाके, हिंसा से
उनके मूल्यों को है तोलता!

राम तू, कुरान तू,
नानक साहब का ज्ञान तू

सच्ची समझ जो आ जाये,
तो परमेश्वर रूपी इंसान तू।

12. पेंसिल और रब्बड़

नासमझी से भरे पड़े,
खेल खेल में लड़ पड़े
बचपन कि मैं बात बताऊँ
अ आ सीखने के ज़ज्बात सुनाऊँ

छोटे छोटे बच्चे हम,
बड़े दिल से सीखते थे
बात तब कि है
जब हम पेन्सिल से लिखते थे

सीधी सादी सी जिंदगी में
कठिनाई बस इतनी थी
स्पेलिंग की गलती अपनी
ना जाने बड़ी कितनी थी

मौका फिर भी मिलता था
'रब्बड़' से दिल खिलता था
घिस घिस कर गलती मिटाते
अपनी कॉपी पर जोर लगाते

गलतियों से ही सीख सीख कर
हाथ साफ हम कर जाते
हर झगडे के तुरन्त बाद ही
दुश्मनों को माफ हम कर जाते

तीसरी के बाद आई चौथी कक्षा
लिखने की हुई फिर परिक्षा
पेंसिल से अब कुछ दूरी बढ़ी
रब्बड़ भी ना अब साथ खड़ी

जिंदगी में अब आई कलम
मुझे देख मुस्काई कलम
चिड़ियाघर के हाथी सी भाई कलम
फिर जीवनसाथी भी कहलाई कलम

कुछ स्थिरता लिये
कुछ गंभीरता लिए
थोड़ी जिम्मेदारी के साथ
थोड़ी समझदारी के साथ

घिस घिस कर ना मिटे कभी अब
गलतियां सारी दिखे सभी अब
सौ बार सोच कर लिखा करूँ
गलतियों से भी सीखा करूँ

गलती की अब गुंजाईश ना थी
नासमझी की नुमाईश ना कि

जीवन की भी यही कहानी
बात कभी ना कभी थी समझ में आनी |

13. थोड़ा थोड़ा कर के

थोड़ा थोड़ा कर के ही
हर ख्वाब को पूरा कर लेंगे
स्थिरता से ठोक पीट कर
हम पर्वत का चूरा कर लेंगे!

एकमुश्त ही काम करें
ऐसी कभी ना हसरत हो
छोटे छोटे लक्ष्य भरें
बस इतनी सी ही कसरत हो!

इधर उधर से ज्ञान ना लो
खुद को अपना गुरु तू कर
सब होगा और अच्छा होगा
हिम्मत जुटा फिर शुरू तू कर!

बाहर से पूरा शांत रहे तू
अंदर से इतना शोर तू कर
हौसला ना टूट सके अब
खुद को इतना कठोर तू कर!

चल उठा कदम और लक्ष्य पकड़
इतने ज्ञान को काफी रख
क्यूँ शुरू किया ये भूलना मत
सीने की आग को बाकी रख |

14. नेकी

अपने हिस्से की नेकी करते जा,
नकारात्मकता की अनदेखी करते जा

मत सोच के क्या क्या छूट गया,
बस कदम बढ़ा और बढ़ते जा

मौका मिले तो भला कर तू
अपनी धुन में चला कर तू

दूसरों के रंग ढंग भूल कर अब
सिर्फ अपने रंग में ढला कर तू

मानवता के धर्म को अब
अभिन्न अंग तू करते जा

परोपकार में खुशी मिले अब
खुद को मलंग तू करते जा।

15. वीर तुम बढ़े चलो

टेढ़े मेढ़े रास्तों पर, एक टक चल पड़े
दिशा भ्रमित बिना हुये, बिना थके बिना रुके

धीरता धरे हुये, वीरता भरे हुये
चाल जो तू चल पड़ा, बलिष्ट सा तू कल खड़ा

आखिरी कदम तू ले, ताप ये बदन तू ले
मंजिल है तेरे सामने, हाथ तेरा थामने

क्यूँ खुद को है तू कोसता, क्यूँ भ्रम को है तू पोसता
मेहनत कर वो रंग लायेगी, सफलता तेरे संग आयेगी

भगवान है सबमें यहाँ, मत ढूंढ उसे यहाँ-वहाँ
भीड़ से जुदा है तू, खुद ही का खुदा है तू

विश्वास है प्रबल तेरा, जन्म हो सफल तेरा
वीर तुम बढ़े चलो, धीर तुम बढ़े चलो |

16. थोड़ा बड़ा तो सोचो

आज भले तुम छोटे हो
कल का थोड़ा बड़ा तो सोचो
अपनी उस एक लक्ष्य के ऊपर
नजरें फिर तुम गड़ा के सोचो

झोली खुद ही भर जायेगी
दान के बदले ज्ञान का सोचो
दुआ सलाम सब लेते जा तू
अगल बगल के इंसान का सोचो

मिट्टी से तू जुड़ा रहे बस
अभिमान छोड़ सम्मान का सोचो
कर्म किये जा, बढ़ते जा
धर्म से पहले काम का सोचो!

जाँच परख हर चीज समझ
उसमें छुपे विज्ञान का सोचो
सिर्फ दौड़ भाग नहीं है जीवन
स्थिरता से तुम ध्यान का सोचो!

भूखा कभी ना रहने पाये
घर आये मेहमान का सोचो
मदद करने को तैय्यार रहे तू
पिछले लिये एहसान का सोचो!

दान धर्म में लीन रहे जो
ऐसे सेठ धनवान का सोचो
अंत समय जब निकट लगे तब
माला जपते भगवान का सोचो।

17. आत्म संवाद

आईने के सामने खड़ा मैं जब
उलझे हुये बालों को अपने
उसी पुरानी कंघी से सुलझा रहा था
आईने के उस पार खड़ा शख्स
एक टक घूरता हुआ मुझे अपनी ही सोच में
और उलझा रहा था

मानो कह रहा हो मुझसे
मियाँ कहाँ गुम हो आजकल?
पहले तो रोज दिखते थे,
ना जाने कितने भाव चेहरे पर तुम्हारे टिकते थे
बच्चन के डायलॉग भी तो सुनाते थे तुम
बिना सुर के ही क्या गजब का सुर लगाते थे तुम!

अब कहाँ गया वो?
जोश और आत्मविश्वास से भरा वो सेल्फ प्रोकलेंब्ड स्टार
कहाँ है वो
उत्साह से लबरेज सबका मनोरंजन करने वाला वो चंचल किरदार
कहाँ है मियाँ
बेफिक्री से ऊल जलूल हरकतें करने वाला

कहाँ है वो
बड़े होकर भगवान बनने की हसरतें रखने वाला?

खो गये हों शायद तुम कहीं
ढूँढ के लाना पड़ेगा तुमको यहीं

सोच सोच इतना खुद को क्यूँ तुम तंग कर रहे हो
इतने दिनों की तपश्या को तुम खुद क्यूँ भंग कर रहे हो

चलो माना यहाँ तक आते आते, मुझसे मिलने में वक़्त काफी लिया तुमने
गिरते-पड़ते, बिखरते-संभलते ना जाने कितनों से दुआ और माफी लिया है तुमने

तुम्हें तो लग रहा है जैसे जिन्दगी की इस कड़ी धूप में सिर्फ तुम ही झुलस रहे हो
पर जरा सोचोगे, समझोगे तो जानोगे की तुम यार मुफत में ही बिलख रहे हो

भीड़ में खड़े दिख रहे हैं जितने, सबकी यहाँ लगी पड़ी है
अपनी छोड़ो, अबे उस ओवर अचीवर की भी फटी पड़ी है

हुनर को अपने औरों से कम ना मापो तुम
दूसरा कोई क्या सिखायेगा, ख़ुद के अंदर ही झाँको तुम

खुद को जानो, खुद का फिर सम्मान करो अब
अरे इन छोटी मोटी बाधाओं का एक बार में पार करो अब

जामवंत सा याद दिलाऊं, वैसा तुम हनुमान बनो अब
बचपन में तू जैसा था बस वैसा ही इंसान बनो अब

अंदर जो मर गया है बचपन, उसे जगा लो फिर से
बिखरे हो मानता हूँ, अभी वक़्त है, खुद को संभालो फिर से

टूट कर बिखर कर जीने में उस रब की रजा है
दोस्त बचपन बचाये रखने में ही तो जीने का मजा है!

तो ये जो बेकार की तकरार है खुद से उसको बंद करो बे
अपनी ठीक करो अब, और मुश्किलों की जिंदगी झंड करो बे

फिर कभी किसी मोड़ पर जरूरत पड़े
तो बिंदास मिलने आना मुझसे
आईने के इस पार तेरी ही झांकी है
पर इस बार के लिये इतना काफी है।

18. आत्मा का श्रींगार करो तुम!

दूसरों से पहले, स्वयं से प्यार करो तुम
सर्वप्रथम आत्मा का श्रींगार करो तुम!

खूबसूरत शरीर का क्या फायदा
जीवन जीने का ये गलत कायदा!

खुद से जरा देर तो बात करो तुम
फिर अंतरात्मा को साफ करो तुम!

क्यूँ जन्मे हो उसपे विचार करो तुम
मनुष्य योनि में जन्म साकार करो तुम!

'सिर्फ मैं महान' का खत्म विकार करो तुम
इस गंभीर बीमारी का अब उपचार करो तुम!

क्षद्म पद का ना अहंकार करो तुम
सर्वप्रथम आत्मा का श्रींगार करो तुम।

19. हैवानों की कश्ती

हैवानों की कश्ती , मुर्दों की बस्ती
कहाँ आ गई तू, बेखौफ सी हंसती!

अरे डर जाती तो बच जाती
हाथो में मेंहदी रच जाती!

अब नोंच-नोंच तुझे खा जायेंगे
फिर जिन्दा तुझे जला जायेंगे!

लोग जुटेंगे, हल्ला होगा
बैठक होगी, मुहल्ला होगा!

TRP का खेला होगा
वाचालों का मेला होगा!

तर्क होंगे, वितर्क भी होंगे
वोट मिले सो सतर्क भी होंगे!

मेरी तरह कुछ लिख भी लेंगे
पढ़कर शायद सीख भी लेंगे!

पर फरक ना किसी को रत्ती होगा
संस्कार भी जब बिना बत्ती होगा!

सब देख देख तुम बस रोती रहोगी
अपनी दुनिया में क्या यूँही सोती रहोगी?

मर्दों से क्या उम्मीद लगाना
मुर्दों का है सारा ज़माना!

बेहतर है खुद आवाज उठाओ
बहुत सो लिया, अब जाग भी जाओ!

दुर्गा काली सा संहार करो अब
खुद ही खुद का उद्धार करो अब।

20. जीवन है अनमोल रतन

जीवन है अनमोल रतन
ये हानि लाभ की बात नहीं
सुख में घूमें जो संग में
अब दुख में तेरे साथ नहीं

काट छाँट कर तरासा जाये
हर बाँस की बत्ती साज नहीं
हो वो चाहे कृष्ण की बंसी
बिन फूँके आवाज नहीं

घर से निकलें बिना डरे
ऐसे अब हालात नहीं
प्रकृति को चकमा दे दें
अपनी ये औकात नहीं

सब बराबर कहे मलंग
ऊँच नीच की बात नहीं
जाने ना ये रुपये पैसे
बीमारी की कोई जात नहीं

नफा नुकसान करे क्यूँ कोई
ये व्यापारी का हिसाब नहीं
जमा घटा सब बंद करो अब
जीवन है, लेखा की किताब नहीं

मैल भरा ये वातावरण
हुआ अगर अब साफ नहीं
तरसेगा जीवन मृत्यु को
प्रकृति करेगी माफ नहीं।

21. यार दोस्त सब मेरे, गधों सरीखा काम कर रहे

यार दोस्त सब मेरे, गधों सरीखा काम कर रहे
हम ठहर के बस वही, हाथी सा आराम कर रहे!

कौड़ीयों के ही भाव सही, कुछ वक्त को नीलाम कर रहे
हम खालीपन से भरे पड़े, खुद ही से कलाम कर रहे!

भाग दौड़ कर रेस लगाकर, सब खुद को हैरान कर रहे
हम सोच सोच कर सारी बातें, खुद ही में मुस्कान भर रहे!

प्रतियोगिता में डटे हुए सब, दूसरों पर इल्ज़ाम कर रहे
दूर खड़े सब देख देख कर, हम सबको प्रणाम कर रहे!

तरक्की की चाह को रखकर, गलती का एहतराम कर रहे
हम कौन सा सज्जन ठहरे, जो खुद को प्रधान कर रहे!

लूट खसोट कर पर सम्पत्ति, क्यूँ सब अपने नाम कर रहे
नकारत्मक भावों से घिरकर, हम खुद को गुलाम कर रहे!

बिना जमीन से जुड़कर देखे, फैसला अब दीवान कर रहे
जियें हम यूँही या मर जाये, चर्चा ये किसान कर रहे!

बोल चाल की भाषा में ही, सब गाली ये जुबान कर रहे
दो दिन की ही कोशिश में ही, हम भी खुद को आम कर रहे!

खीज खीज कर कुंठा में ही, सब खुद को हैवान कर रहे
सही गलत से छान छान कर, हम खुद को भगवान कर रहे!

www.ingramcontent.com/pod-product-compliance
Lightning Source LLC
Chambersburg PA
CBHW070648240926
51846CB00003BA/834
* 9 7 8 9 3 7 5 1 0 6 3 1 9 *